Andreas Laurus

Was sind Führungstechniken und wofür werden sie eingesetzt?

GRIN Verlag

Bibliografische Information der Deutschen Nationalbibliothek:

Die Deutsche Bibliothek verzeichnet diese Publikation in der Deutschen National-
bibliografie; detaillierte bibliografische Daten sind im Internet über http://dnb.d-
nb.de/ abrufbar.

Impressum:

Copyright © 2009 GRIN Verlag GmbH
Druck und Bindung: Books on Demand GmbH, Norderstedt Germany
ISBN: 978-3-640-38993-3

Dieses Buch bei GRIN:

http://www.grin.com/de/e-book/130566/was-sind-fuehrungstechniken-und-wofuer-
werden-sie-eingesetzt

GRIN - Your knowledge has value

Der GRIN Verlag publiziert seit 1998 wissenschaftliche Arbeiten von Studenten, Hochschullehrern und anderen Akademikern als eBook und gedrucktes Buch. Die Verlagswebsite www.grin.com ist die ideale Plattform zur Veröffentlichung von Hausarbeiten, Abschlussarbeiten, wissenschaftlichen Aufsätzen, Dissertationen und Fachbüchern.

Besuchen Sie uns im Internet:

http://www.grin.com/

http://www.facebook.com/grincom

http://www.twitter.com/grin_com

Referat

Was sind Führungstechniken und wofür werden sie eingesetzt?

Modul FGI01 / Führung von Mitarbeitern – Grundlagen

AKAD Fernhochschule Leipzig

Vorgelegt von: Andreas Laurus

Eingereicht am: 21.02.2009

Inhaltsverzeichnis

Abbildungsverzeichnis

1 Einführung

In diesem Referat geht es um das Thema der Führung und im speziellen der Führungstechnik, welches in der heutigen Zeit, in der der Leistungsdruck in den Führungsetagen stetig zunimmt, immer mehr an Bedeutung gewinnt. Sobald mehr als eine Person an einer Problem bzw. einer Problemlösung arbeiten, tritt das Phänomen der Führung auf. Führen, geführt werden und sich selbst führen lässt sich also als Produkt der Arbeitsteilung und Rollendifferenzierung beschreiben.[1] Um Führungskräften eine entsprechende Hilfestellung zu leisten, wurden Führungstechniken entwickelt. Die wohl bekannteste Führungstechnik ist die Management by Technik. Diese spezielle Form der Führung wird in dieser Arbeit an späterer Stelle noch detailliert beschrieben.

2 Führungstechnik

2.1 Definition

Unter Führungstechnik versteht man sämtliche Instrumente und Methoden formalorganisatorischer und sozialpsychologischer Art, die zur Verwirklichung eines bestimmten „Führungsstils"[2] beitragen.[3]

2.2 Was sind Führungstechniken?

Führungstechniken sind konkrete Gestaltungsregeln die Erkenntnisse, welche in der Führungsforschung gewonnen wurden, in der Führungspraxis / Führungsrealität umsetzen sollen. Oft ist es so, dass Führungstechniken als Gestaltungsregeln für eine bestimmte Führungsaufgabe (Bsp.: Art der Zielvereinbarung, Art der Delegation von Kompetenzen) fungieren. Die Führungsaufgabe wird somit zum Allgemeinprinzip für die jeweilige Führungstechnik erhoben.[4]

---

[1] vgl. Hentze / Kammel / Lindert, Personalführung, 1997, S. 7
[2] „Führungsstil" Wunderer, Rolf / Führen und Zusammenarbeiten, 2000, S.258
[3] vgl. Baumgarten, Richard / Führungsstile und Führungstechniken, 1977, S. 16
[4] vgl. Grundlage der Personalführung II / Lerneinheit 2, S. 31

Man unterscheidet zwischen formalorganisatorischen Instrumenten / Methoden der Führungstechniken (Bsp.: Stellenbeschreibungen, Gruppenorganisationsformen, Management by Formen) und sozialpsychologischen Instrumenten / Methoden (Bsp.: Gruppentechniken, Sensitivitätstechniken). Eine klare Trennung beider Ausprägungen ist in der Realität oft nur schwer zu erzielen.[5] Die wohl bekannteste Führungstechnik ist die, in den Vereinigten Staaten entwickelte, Management by Technik (Führung durch....).

2.3 Wofür gibt es Führungstechniken?

Um die Realisierung eines sinnvollen Führungsstils in einer Unternehmung zu gewährleisten, ist die Praktizierung bestimmter Führungstechniken zwingend notwendig.[6] Nur so sind in der heutigen Zeit, in der die Anforderungen an Führungskräfte sehr hoch sind und der Erfolgsdruck permanent steigt, ein strukturiertes Arbeitsumfeld und ein souveräner Umgang zwischen Führungskraft und Mitarbeiter möglich. Durch Führungstechniken soll die Arbeitsweise der Mitarbeiter optimiert werden. Dies hat im Idealfall zur Folge, dass die Leistung jedes einzelnen, egal ob Führungskraft oder Untergebener, verbessert / erhöht wird und somit dem ganzen Unternehmen zu Gute kommt.

3 Management by Techniken

3.1 Definition

Die Management by Formen definieren sich als Führungsprinzipien. Ihr Einsatz soll die Steigerung der Leistungsfähigkeit des Unternehmens und die Zufriedenheit der Unternehmensmitglieder bewirken.[7]

---

[5] vgl. Baumgarten, Richard / Führungsstile und Führungstechniken, 1977, S. 16
[6] vgl. Baumgarten, Richard / Führungsstile und Führungstechniken, 1977, S. 16
[7] vgl. Baumgarten, Richard / Führungsstile und Führungstechniken, 1977, S. 206

3.2 Management by Objectives

Unter Management by Objectives (MbO) versteht man im Allgemeinen das Führen durch Zielvereinbarungen.[8] Wenn nur die Zielvereinbarung, welche zwischen Mitarbeiter und Vorgesetzten gemeinsam vereinbart wird, im Mittelpunkt steht, so spricht man von der MbO als reine Führungstechnik. Sobald neben dem Aspekt der Zielvereinbarung noch weitere Elemente wie z.b. die Festlegung des Delegations- und Verantwortungsbereichs und/oder die Überwachung der Zielerreichung hinzu kommen, spricht man von einem „Führungsmodell".[9] Das MbO ist heutzutage die meistverbreitete Führungstechnik und in vielen zeitgemäßen Führungsmodellen sind Elemente der MbO vorhanden.

Management by Objectives	
Kurzdefinition	- Führung durch Zielvereinbarung
Hauptziele	- Entlastung der Führungsspitze - Förderung der Motivation, Eigeninitiative und Verantwortungsbereitschaft - partizipative Führung, Identifikation der Mitarbeiter mit Organisationszielen - klare Zielausrichtung, objektive Beurteilung, leistungsgerechte Bezahlung
Wichtige Bestandteile	- organisatorisch institutionalisierter Zielbildungs- und Planungsprozeß - Zielbilder, Stellenbeschreibungen und Ausnahmeregelungen - regelmäßige Ziel-Ergebnis-Analysen - objektivierte, zielorientierte Leistungs- bzw. Personalbeurteilung
Voraussetzungen	- Delegation wie bei der MbD - zielorganisierte Organisation - gut organisiertes, leistungsfähiges Planungs-, Informations- und Kontrollsystem
Kritik	- Gefahr überhöhten Leistungsdrucks - Tendenz zur Konzentration auf messbare Ziele - qualitative Ziele geraten eventuell in den Hintergrund - relativ hohe Einführungskosten
Gesamturteil	- modernste, umfassendste und am weitesten entwickelte Managementkonzeption

Abb.: 1 Tabellarische Zusammenfassung MbO[10]

---

[8] vgl. Grundlage der Personalführung II / Lerneinheit 2, S. 32
[9] „Führungsmodell", Hentze / Kammel / Lindert, Personalführung, 3. Auflage, 1997, S. 70
[10] vgl. Hentze / Kammel / Lindert, Personalführung, 1997, S. 208-209

3

3.3 Management by Exception

Im Gegensatz zum MbO, bei der der Mitarbeiter mit dem Vorgesetzten zusammen die Ziele und Verantwortungsbereiche festlegt, befasst sich das Management by Exception (MbE) mit der Führung nach dem Prinzip der Ausnahme.[11] Der Vorgesetzte greift nur dann in den Arbeitsablauf des Mitarbeiters ein, wenn dieser über seinen Entscheidungsspielraum / Verantwortungsbereich hinaus geht. Die MbE wird deshalb auch als Führen durch Ausnahmeregelungen bezeichnet. Im Fordergrund stehen also die Begriffe der Kontrolle und des Entscheidens.[12]

Um später Irritationen / Missverständnisse zu vermeiden ist es ratsam, die Aufgaben und Verantwortungsbereiche in einer Stellenbeschreibung klar zu definieren und festzuhalten.

Management by Exception	
Kurzdefinition	- Führung durch Abweichungskontrolle und Eingriff im Ausnahmefall
Hauptziele	- Entlastung der Führungskraft von Routineaufgaben - Systematisierung der Informationsflüsse und Regelung der Zuständigkeiten
Wichtige Bestandteile	- Festlegung von Sollergebnissen - Informationsrückkopplung - Abweichungsanalyse
Voraussetzungen	- Beteiligte müssen Ziele, Abweichungstoleranzen und Ausnahmefälle kennen - Kontroll- und Berichtssystem muss vorhanden sein - klare Regelung der Zuständigkeiten
Kritik	- wenig Eigeninitiative und Verantwortung - Tendenz zur Delegation nach oben - Ziele und Pläne sind nicht unbedingt bekannt
Gesamturteil	- kein eigenständiges Modell, meistens Bestandteil andere Führungsmodelle

Abb.: 2 Tabellarische Zusammenfassung MbE[13]

3.4 Management by Delegation

Der Hauptgedanke bei der Führungstechnik Management by Delegation (MbD) liegt darin, dass Aufgaben, Kompetenzen und Verantwortungen weitestgehend auf die Mitarbeiter übertragen werden. Diese Maßnahme soll zum Ziel haben, die Motivation

---

[11] vgl. Grundlage der Personalführung II / Lerneinheit 2, S. 37
[12] vgl. Hentze / Kammel / Lindert, Personalführung, 1997, S. 641
[13] vgl. Hentze / Kammel / Lindert, Personalführung, 1997, S. 208-209

der Mitarbeiter zu verbessern und dadurch die Qualität der Aufgabenerfüllung zu erhöhen. Hinzu kommt noch die Tatsache, dass dadurch die Führungskraft von Routineaufgaben entlastet wird und sich wichtigeren Themen / Aufgaben widmen kann.[14] Auch bei dieser Form der Führungstechnik ist es ratsam, die Aufgaben und Verantwortungen per Stellenbeschreibung festzuhalten.

Management by Delegation	
Kurzdefinition	- Führung durch Aufgabendelegation
Hauptziele	- Abbau der Hierarchie und des autoritären Führungsstils - Entlastung der Vorgesetzten - eigenverantwortliches Entscheiden soll gefördert werden - Entscheidungsfindung auf Ebene des Sachverstandes
Wichtige Bestandteile	- Delegation von Aufgaben (mit Kompetenzen und Handlungsverantwortung) - Stellenbeschreibung - Regelungen für Ausnahmefälle, Dienstaufsicht, Erfolgskontrolle - Regeln für den Informationsverkehr
Voraussetzungen	- Delegationsbereitschaft der Vorgesetzten - delegationsfähige Mitarbeiter - Kontroll- und Berichtssystem muss vorhanden sein - ausreichende Information der Mitarbeiter
Kritik	- Vorgesetzter delegiert u.U. nur uninteressante Aufgaben - Motivationsaspekt nur ungenügend berücksichtigt - Hierarchie wird nicht abgebaut, sondern u.U. aufgebaut
Gesamturteil	- als einfaches Prinzip allgemeingültig verwendbar, aber nur begrenzt wirksam

Abb.: 3 Tabellarische Zusammenfassung MbD[15]

4 Zusammenfassung / Fazit

Mit dem Thema der „richtigen" Führung von Mitarbeitern und in diesem Zusammenhang mit den entsprechend anzuwendenden Führungstechniken beschäftigt sich die Wissenschaft schon geraume Zeit. Das oberste Ziel sollte lauten, die Abteilung bzw. das Unternehmen mit Hilfe entsprechender Modelle effizienter, flexibler und erfolgreicher zu machen, um sich für die immer größer werdenden Anforderungen im Unternehmen selbst und auf den jeweiligen Märkten gut positionieren bzw. behaupten zu können.

---

[14] vgl. Grundlage der Personalführung II / Lerneinheit 2, S. 35
[15] vgl. Hentze / Kammel / Lindert, Personalführung, 1997, S. 208-209

Letzten Endes muss das Management bzw. die Führungskraft aber selbst entscheiden, welchen Weg sie gehen will und welche Art der Führung in der jeweiligen Situation die Beste ist. Was sich auf dem Papier gut liest, muss aufgrund der Individualität jedes Einzelnen und den spezifischen Gegebenheiten noch lange nicht die richtige Vorgehensweise sein. Ein genauer Überblick über die Techniken und deren Wirkung ist Grundvoraussetzung für die richtige Wahl und somit auch ausschlaggebend für deren Erfolg.

Literaturverzeichnis

Bücher:

- Baumgarten, Richard / Führungsstile und Führungstechniken, 1. Aufl., 1977
- Grundlage der Personalführung II / Lerneinheit 2
- Hentze / Kammel / Lindert, Personalführung, 3. Aufl. ,1997
- Wunderer, Rolf / Führen und Zusammenarbeiten, 3. Aufl., 2000